Harcourt

CALIFORNIA
Expresiones en
MATEMÁTICAS
Estándares comunes

Dra. Karen C. Fuson

GRADO
1

Volumen 1

This material is based upon work supported by the
National Science Foundation
under Grant Numbers
ESI-9816320, REC-9806020, and RED-935373.

Any opinions, findings, and conclusions, or recommendations expressed in this material
are those of the author and do not necessarily reflect the views of the National Science Foundation.

Haz la tarea

1. Escribe cuántos puntos hay. Mira los 5 en cada grupo.

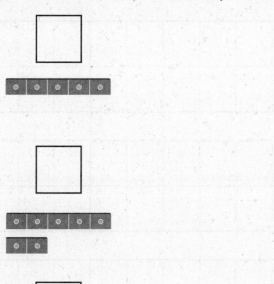

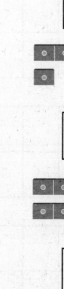

2. Mira el grupo de 5. Dibuja puntos adicionales
para mostrar el número.

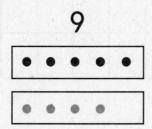

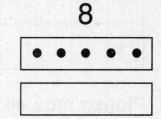

3. Escribe los números del 1 al 10.

0 1 2 3 4 5 6 7 8 9 10

Recuerda

Escribe los números.

1. 0 0 0
0

2. 1 1 1
1

3. 2 2 2
2

4. 3 3 3
3

5. 4 4 4
4

6. Piensa más allá Dibuja 2 flores

Nombre _____

Haz la tarea

Escribe cuántos puntos hay. Mira los 5 en cada grupo.

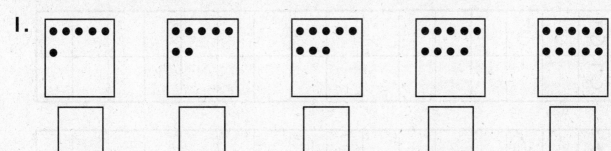

1.

Escribe cuántas hojas hay. Mira los 5 en cada grupo.

2. ▢

3. ▢

4. ▢

5. ▢

6. ▢

---

7. Escribe los números de 0 al 10.

| 0 | 1 | 2 | 3 | 4 | 5 | 6 | 7 | 8 | 9 | 10 |

8. Explica a tu ayudante para tareas cómo los grupos
de 5 te ayudan a ver 6, 7, 8, 9, 10.

Recuerda

Escribe los números.

1. | 5 | 5 | 5 | | | | | | | | | | | | | |
   |---|---|---|---|---|---|---|---|---|---|---|---|---|---|---|---|
   | 5 | | | | | | | | | | | | | | | |

2. | 6 | 6 | 6 | | | | | | | | | | | | | |
   |---|---|---|---|---|---|---|---|---|---|---|---|---|---|---|---|
   | 6 | | | | | | | | | | | | | | | |

3. | 7 | 7 | 7 | | | | | | | | | | | | | |
   |---|---|---|---|---|---|---|---|---|---|---|---|---|---|---|---|
   | 7 | | | | | | | | | | | | | | | |

4. | 8 | 8 | 8 | | | | | | | | | | | | | |
   |---|---|---|---|---|---|---|---|---|---|---|---|---|---|---|---|
   | 8 | | | | | | | | | | | | | | | |

5. | 9 | 9 | 9 | | | | | | | | | | | | | |
   |---|---|---|---|---|---|---|---|---|---|---|---|---|---|---|---|
   | 9 | | | | | | | | | | | | | | | |

6. **Piensa más allá** Dibuja 3 gatos.

Visualizar números como grupos de 5 y unidades

Haz la tarea

Escribe las partes.

1. ⬛⬛⬛⬛⬜ $5 = 4 + 1$ _____

    ⬛⬛⬛⬜⬜ $5 =$ _____

    ⬛⬛⬜⬜⬜ $5 =$ _____

    ⬛⬜⬜⬜⬜ $5 =$ _____

2.

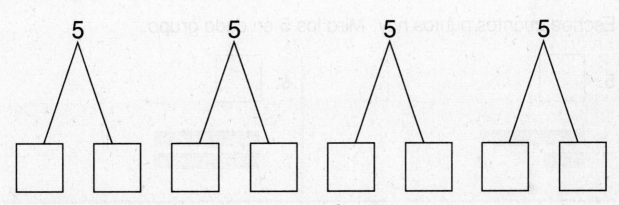

3. Escribe los números.

0	0	0												
0														

1	1	1												
1														

Recuerda

Escribe cuántos aviones hay. Mira los 5 en cada hilera.

1. [ ]

2. [ ]

3. [ ]

4. [ ]

Escribe cuántos puntos hay. Mira los 5 en cada grupo.

5. [ ]

6. [ ]

7. [ ]

8. [ ]

9. **Piensa más allá** Dibuja 4 árboles.

Haz la tarea

1. Muestra y escribe las partes de 6.

⬭⬭⬭⬭⬭⬭	☐ + ☐	6 = _____
⬭⬭⬭⬭⬭⬭	☐ + ☐	6 = _____
⬭⬭⬭⬭⬭⬭	☐ + ☐	6 = _____
⬭⬭⬭⬭⬭⬭	☐ + ☐	6 = _____
⬭⬭⬭⬭⬭⬭	☐ + ☐	6 = _____

2. Escribe las partes de 6.

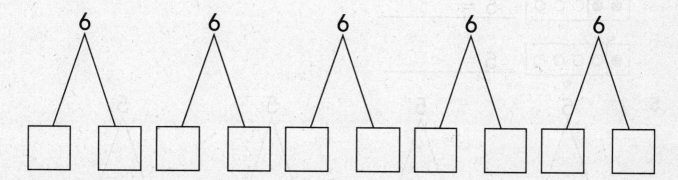

3. Escribe los números.

2	2	2											
2													

3	3	3											
3													

Recuerda

Escribe cuántos pollos hay. Mira los 5 en cada hilera.

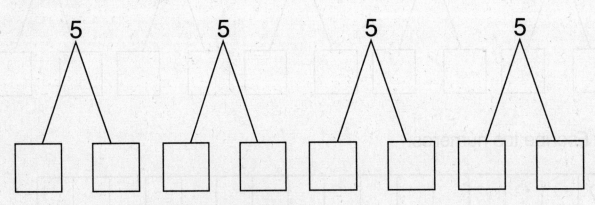

1. ☐

2. ☐

3. ☐

Escribe las partes.

4. ● ● ● ● ○ $5 = 4 + 1$

● ● ● ○ ○ $5 =$ _____

● ● ○ ○ ○ $5 =$ _____

● ○ ○ ○ ○ $5 =$ _____

5.
   5   5   5   5
  / \   / \   / \   / \
 ☐   ☐   ☐   ☐   ☐   ☐   ☐   ☐

6. **Piensa más allá** Dibuja 5 globos.

Nombre _____

Haz la tarea

Muestra las partes de 7 y cámbiales el orden.

1. ⭕⭕⭕⭕⭕⭕⭕   [   ] + [   ] y [   ] + [   ]

2. ⭕⭕⭕⭕⭕⭕⭕   [   ] + [   ] y [   ] + [   ]

3. ⭕⭕⭕⭕⭕⭕⭕   [   ] + [   ] y [   ] + [   ]

Escribe las partes y las partes con el orden cambiado.

4.

Tren de 7   [+]   [+]   [+]
             [+]   [+]   [+]

Usa patrones para resolver.

5. $2 + 1 = \square$ $4 + 1 = \square$ $5 + 1 = \square$

    $6 + 1 = \square$ $1 + 1 = \square$ $3 + 1 = \square$

6. $1 + 6 = \square$ $1 + 1 = \square$ $1 + 2 = \square$

    $1 + 5 = \square$ $1 + 4 = \square$ $1 + 3 = \square$

Escribe los números.

7. | 4 | 4 | 4 | | | | | | | | | |
    |---|---|---|---|---|---|---|---|---|---|---|---|
    | 4 | | | | | | | | | | | |

8. | 5 | 5 | 5 | | | | | | | | | |
    |---|---|---|---|---|---|---|---|---|---|---|---|
    | 5 | | | | | | | | | | | |

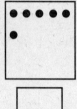

Escribe cuántos puntos hay. Mira los 5 en cada grupo.

1.

[ ]   [ ]   [ ]   [ ]   [ ]

Muestra las partes de 6 y escríbelas.

2.
○○○○○○   [+]   6 = _____

○○○○○○   [+]   6 = _____

○○○○○○   [+]   6 = _____

○○○○○○   [+]   6 = _____

○○○○○○   [+]   6 = _____

Suma.

3.   1 + 0 = [ ]   5 + 0 = [ ]   3 + 0 = [ ]

4.   1 + 1 = [ ]   2 + 1 = [ ]   4 + 1 = [ ]

5.   **Piensa más allá** Dibuja 6 manzanas. Usa un grupo de 5.

Haz la tarea

Muestra las partes de 8 y cámbiales el orden.

1. ⬜ ◯◯◯◯◯◯◯◯   [+] y [+]

2. ⬜ ◯◯◯◯◯◯◯◯   [+] y [+]

3. ⬜ ◯◯◯◯◯◯◯◯   [+] y [+]

4. ⬜ ◯◯◯◯◯◯◯◯   [+] y [+]

Escribe las partes y las partes con el orden cambiado.

5.

Tren de 8

[+] [+] [+] [+]
[+] [+] [+] [+]

Usa patrones para resolver.

6. $8 + 0 = \boxed{}$ $5 + 0 = \boxed{}$ $0 + 4 = \boxed{}$

$0 + 6 = \boxed{}$ $0 + 2 = \boxed{}$ $0 + 7 = \boxed{}$

Escribe los números.

7.

6	6	6											
6													

8.

7	7	7	7										
7													

Recuerda

Escribe cuántos hay de cada alimento. Mira los 5 en cada hilera.

1. ☐

2. ☐

3. ☐

Muestra las partes de 7 y cambia el orden de las partes.

4. ⬭⬭⬭⬭⬭⬭⬭   [+] y [+]

5. ⬭⬭⬭⬭⬭⬭⬭   [+] y [+]

6. ⬭⬭⬭⬭⬭⬭⬭   [+] y [+]

---

7. Escribe las partes y las partes con el orden cambiado.

Tren de 7   [+] [+] [+]
                 [+] [+] [+]

8. **Piensa más allá** Dibuja 7 peces. Usa un grupo de 5.

Haz la tarea

Muestra las partes de 9 y cámbiales el orden.

1. ⬜ OOOOOOOOO ⬜ [+] y [+]

2. ⬜ OOOOOOOOO ⬜ [+] y [+]

3. ⬜ OOOOOOOOO ⬜ [+] y [+]

4. ⬜ OOOOOOOOO ⬜ [+] y [+]

Escribe las partes y las partes con el orden cambiado.

5.
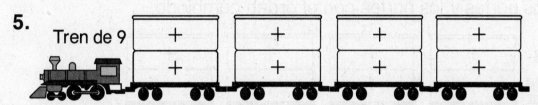
Tren de 9

Usa patrones para resolver.

6. $6 - 1 =$ ⬜ $7 - 1 =$ ⬜ $4 - 1 =$ ⬜

   $9 - 1 =$ ⬜ $5 - 1 =$ ⬜ $8 - 1 =$ ⬜

Escribe los números.

7. | 8 | 8 | 8 | | | | | | | | | | |
|---|---|---|---|---|---|---|---|---|---|---|---|---|
| 8 | | | | | | | | | | | | |

8. | 9 | 9 | 9 | | | | | | | | | | |
|---|---|---|---|---|---|---|---|---|---|---|---|---|
| 9 | | | | | | | | | | | | |

Recuerda

Muestra las partes de 8 y cambia el orden de las partes.

1. ⬜OOOOOOOO   ⬜ + ⬜   y   ⬜ + ⬜

2. ⬜OOOOOOOO   ⬜ + ⬜   y   ⬜ + ⬜

3. ⬜OOOOOOOO   ⬜ + ⬜   y   ⬜ + ⬜

4. ⬜OOOOOOOO   ⬜ + ⬜   y   ⬜ + ⬜

---

5. Escribe las partes y las partes con el orden cambiado.

Tren de 8

Resta.

6. $4 - 1 = $ ⬜ $2 - 1 = $ ⬜ $3 - 1 = $ ⬜

7. $2 - 2 = $ ⬜ $5 - 2 = $ ⬜ $3 - 2 = $ ⬜

8. **Piensa más allá** Dibuja 8 insectos. Usa un grupo de 5.

© Houghton Mifflin Harcourt Publishing Company

Nombre _____

Haz la tarea

I. Escribe las partes de 10 y las partes con el orden cambiado.

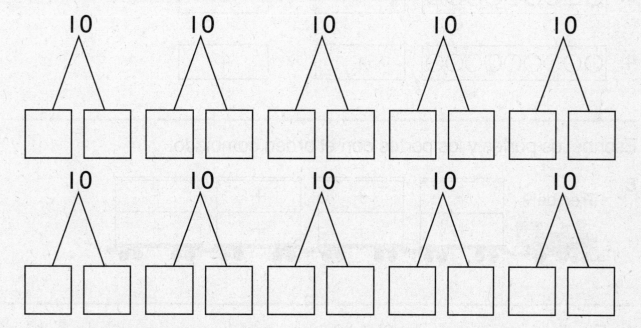

9 + 1	+	+	+	+
1 + 9	+	+	+	+

2. Usa patrones para resolver.

7 + 1 = ☐	9 + 1 = ☐	1 + 8 = ☐
10 − 1 = ☐	7 − 1 = ☐	9 − 1 = ☐
9 + 0 = ☐	0 + 10 = ☐	7 + 0 = ☐
8 − 0 = ☐	7 − 0 = ☐	10 − 0 = ☐

Recuerda

Muestra las partes de 9 y cambia el orden de las partes.

1. ⬚OOOOOOOOO⬚　　[＋]　y　[＋]

2. ⬚OOOOOOOOO⬚　　[＋]　y　[＋]

3. ⬚OOOOOOOOO⬚　　[＋]　y　[＋]

4. ⬚OOOOOOOOO⬚　　[＋]　y　[＋]

Escribe las partes y las partes con el orden cambiado.

5.
Tren de 9
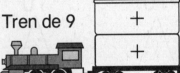

---

6. Escribe los números del 0 al 10.

0			4		7		

7. **Piensa más allá** Dibuja 9 estrellas. Usa un grupo de 5.

Haz la tarea

Muestra las partes de 10 y escríbelas.

1. ○○○○○○○○○○ 10 = ____ + ____

2. ○○○○○○○○○○ 10 = ____ + ____

3. ○○○○○○○○○○ 10 = ____ + ____

4. ○○○○○○○○○○ 10 = ____ + ____

5. ○○○○○○○○○○ 10 = ____ + ____

6. ○○○○○○○○○○ 10 = ____ + ____

7. ○○○○○○○○○○ 10 = ____ + ____

8. ○○○○○○○○○○ 10 = ____ + ____

9. ○○○○○○○○○○ 10 = ____ + ____

Recuerda

Escribe las partes de 10 y las partes con el orden cambiado.

1.

$$\begin{array}{c} 9 + 1 \\ \hline 1 + 9 \end{array} \qquad \begin{array}{c} \underline{+} \\ \underline{+} \end{array} \qquad \begin{array}{c} \underline{+} \\ \underline{+} \end{array} \qquad \begin{array}{c} \underline{+} \\ \underline{+} \end{array} \qquad \begin{array}{c} \underline{+} \\ \underline{+} \end{array}$$

2.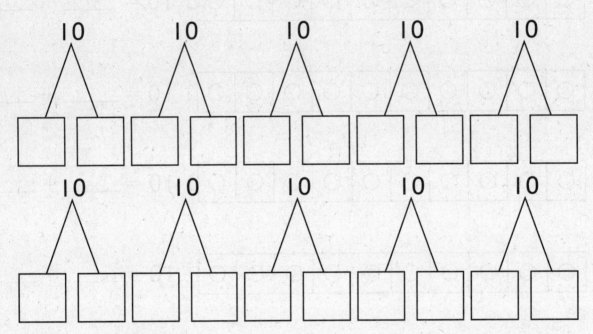

3. Tren de 10

    + +   + +   + +   + +   + +

4. **Piensa más allá** Dibuja 10 canicas.

    Usa grupos de 5.

     Enfoque en la práctica matemática

Nombre _____

Haz la tarea

Escribe las partes y el total.

1. ☐ + ☐

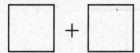

Total ☐

2. ☐ + ☐

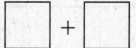

Total ☐

3. ☐ + ☐

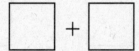

Total ☐

4. ☐ + ☐

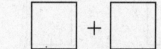

Total ☐

5. ☐ + ☐

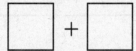

Total ☐

6. ☐ + ☐

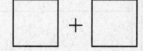
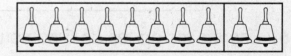

Total ☐

7. ☐ + ☐

Total ☐

8. ☐ + ☐

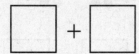
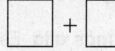

Total ☐

Recuerda

1. Escribe los números del 0 al 10.

| 0 | 1 | 2 | 3 | 4 | 5 | 6 | 7 | 8 | 9 | 10 |

2. Escribe cuántos puntos hay. Mira los 5 puntos en cada grupo.

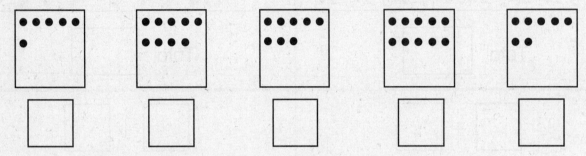

Escribe cuántas hojas hay. Mira las 5 hojas en cada hilera.

3. [ ]

4. [ ]

5. [ ]

6. Escribe las partes de 5 como un tren.

Tren de 5

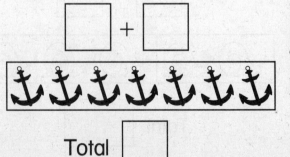

[ ] + [ ] + [ ] + [ ]

7. **Piensa más allá** Escribe las partes de 7. Dibuja un palito para separar. Escribe el total para mostrar las partes.

[ ] + [ ]

Total [ ]

Representar la suma

Haz la tarea

Escribe las partes y el total para cada círculo.

1. ▢ **+** ▢

● ● ● ● ● ● ● ○ ○

Total ▢

2. ▢ **+** ▢

● ● ● ● ○ ○ ○

Total ▢

3. ▢ **+** ▢

● ● ● ● ● ○

Total ▢

4. ▢ **+** ▢

● ● ● ● ● ● ● ● ○ ○

Total ▢

5. ▢ **+** ▢

● ● ● ● ○ ○

Total ▢

6. ▢ **+** ▢

● ● ● ● ○ ○ ○ ○

Total ▢

7. ▢ **+** ▢

● ● ● ● ● ● ○ ○ ○

Total ▢

8. ▢ **+** ▢

● ● ● ● ● ○ ○ ○ ○ ○

Total ▢

Recuerda

1. Escribe cuántos puntos hay. Mira los 5 puntos en cada grupo.

Escribe cuántos alimentos hay de cada uno. Mira los 5 en cada hilera.

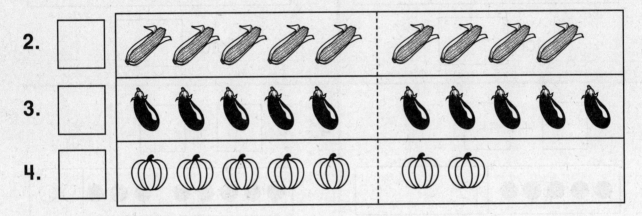

2.

3.

4.

5. Escribe las partes de 6 como un tren.

Tren de 6

6. **Piensa más allá** Dibuja un círculo para
mostrar las partes de 10.

Haz la tarea

Escribe las partes y el total. Luego escribe la ecuación.

1. [ ] + [ ]

_____
Ecuación

Total [ ]

---

2. [ ] + [ ]

_____
Ecuación

Total [ ]

---

3. [ ] + [ ]

_____
Ecuación

Total [ ]

---

4. [ ] + [ ]

_____
Ecuación

Total [ ]

Recuerda

I. Rellena los números del 0 al 10.

0			4		7			

Muestra las partes de 7 y cambia el orden de las partes.

2. ⭕⭕⭕⭕⭕⭕⭕   [__ + __] y [__ + __]

3. ⭕⭕⭕⭕⭕⭕⭕   [__ + __] y [__ + __]

4. ⭕⭕⭕⭕⭕⭕⭕   [__ + __] y [__ + __]

5. Escribe las partes y las partes con el orden cambiado.

Tren de 7   [__ + __]   [__ + __]   [__ + __]

6. Piensa más allá Dibuja un círculo que corresponda con la ilustración. Luego escribe la ecuación.

_____
Ecuación

Nombre _____

Haz la tarea

Escribe las partes y el total. Luego escribe la ecuación.

1. 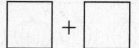 +

_____
Ecuación

Total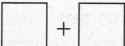

_____

2.  +

_____
Ecuación

Total

_____

3. +

_____
Ecuación

Total

_____

4.  +

_____
Ecuación

Total

Recuerda

Escribe cuántos alimentos hay de cada uno. Mira los 5 en cada hilera.

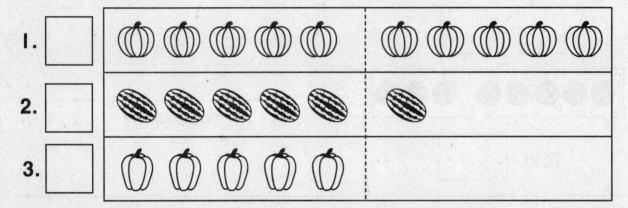

1. [ ]

2. [ ]

3. [ ]

Muestra las partes de 8 y cambia el orden de las partes.

4. ⃝⃝⃝⃝⃝⃝⃝⃝   [+   ]   y   [+   ]

5. ⃝⃝⃝⃝⃝⃝⃝⃝   [+   ]   y   [+   ]

6. ⃝⃝⃝⃝⃝⃝⃝⃝   [+   ]   y   [+   ]

7. ⃝⃝⃝⃝⃝⃝⃝⃝   [+   ]   y   [+   ]

8. Escribe las partes y las partes con el orden cambiado.

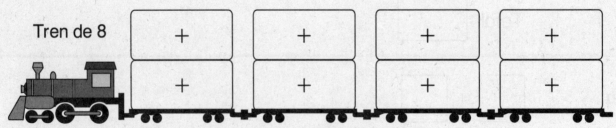

Tren de 8

9. **Piensa más allá** Escribe una ecuación que corresponda con el dibujo de círculos.

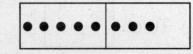

_____

Ecuación

© Houghton Mifflin Harcourt Publishing Company

Nombre _____

Haz la tarea

Cuenta hacia adelante. Escribe el total

I.   Total

| 5 | ● ● ● ● | = |

2.   Total

| 7 | ● ● ● | = |

3.   Total

| 3 | ● ● ● ● ● | = |

4.   Total

| 6 | ● ● ● | = |

5.   Total

| 4 | 🍎 🍎 🍎 | = |

6.   Total

| 5 | | = |

7.   Total

| 2 | 🍓 🍓 🍓 🍓 | = |

8.   Total

| 4 | 🍆 🍆 🍆 🍆 | = |

9.   Total

| 5 | | = |

I0.   Total

| 8 | | = |

II.   Total

| 6 | | = |

I2.   Total

| 3 | | = |

Recuerda

Muestra las partes de 9 y cambia el orden de las partes.

1. ○○○○○○○○○ [+] y [+]

2. ○○○○○○○○○ [+] y [+]

3. ○○○○○○○○○ [+] y [+]

4. ○○○○○○○○○ [+] y [+]

5. Escribe las partes y las partes con el orden cambiado.

Tren de 9   [+ / +]   [+ / +]   [+ / +]   [+ / +]

Usa patrones para resolver.

6. $0 + 9 =$ ☐ $6 + 0 =$ ☐ $0 + 7 =$ ☐

7. $8 - 0 =$ ☐ $2 - 0 =$ ☐ $10 - 0 =$ ☐

8. $1 + 4 =$ ☐ $9 + 1 =$ ☐ $5 + 1 =$ ☐

9. **Piensa más allá** Cuenta hacia adelante

para calcular el total. $7 + 2 =$ ☐

Ahora cuenta todo. ¿Obtuviste el mismo resultado?

_____

Explorar métodos de solución

© Houghton Mifflin Harcourt Publishing Company

Haz la tarea

Cuenta hacia adelante para calcular el total.

1. 6 + 3 = ☐   **2.** 3 + 5 = ☐   **3.** 4 + 5 = ☐

4. 5 + 5 = ☐   **5.** 4 + 6 = ☐   **6.** 2 + 4 = ☐

7. 4 + 3 = ☐   **8.** 7 + 2 = ☐   **9.** 6 + 2 = ☐

Halla el número total de juguetes.

10. 7 trompetas en la caja

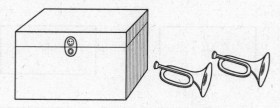

☐ Total

11. 5 osos en la caja

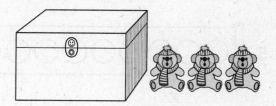

☐ Total

12. 3 camionetas en la caja

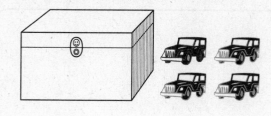

☐ Total

13. 8 trenes en la caja

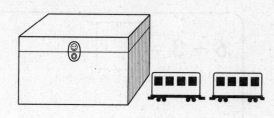

☐ Total

Recuerda

1. Rellena los números del 0 al 10.

| | 1 | | | 4 | | 6 | 7 | | | |

Muestra las partes de 10 y cambia el orden de las partes.

2. ○○○○○○○○○○   [+]   y   [+]

3. ○○○○○○○○○○   [+]   y   [+]

4. ○○○○○○○○○○   [+]   y   [+]

5. ○○○○○○○○○○   [+]   y   [+]

6. ○○○○○○○○○○   [+]   y   [+]

7. Piensa más allá Cuenta hacia adelante con puntos para calcular el total. Escribe el total.

$6 + 3 = \boxed{}$

Estrategias de suma: Contar hacia adelante

Haz la tarea

Subraya el número mayor.
Cuenta desde ese número.

1. •••
   3 + <u>6</u> = ☐

2. 2 + 5 = ☐

3. 2 + 8 = ☐

4. 7 + 3 = ☐

5. 4 + 5 = ☐

6. 3 + 5 = ☐

7. 2 + 7 = ☐

8. 6 + 4 = ☐

9. 4 + 3 = ☐

10. 2 + 6 = ☐

11. 8 + 2 = ☐

12. 6 + 3 = ☐

Recuerda

Escribe las partes y el total.

1. 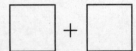 ☐ + ☐

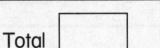

Total ☐

2. ☐ + ☐

Total ☐

3. ☐ + ☐

Total ☐

4. ☐ + ☐

Total ☐

Usa patrones para resolver.

5. 8 − 1 = ☐   4 − 1 = ☐   10 − 1 = ☐

6. 0 + 5 = ☐   0 + 9 = ☐   7 + 0 = ☐

7. 10 − 0 = ☐   5 − 0 = ☐   6 − 0 = ☐

8. Piensa más allá Sami cuenta hacia adelante

para resolver este problema. 2 + 8 = ☐

Sami cuenta 8, 9 y dice que el total es 9.

¿Qué error cometió Sami?

_____

Haz la tarea

Subraya el número mayor.
Cuenta desde ese número.

1. $\bullet\bullet$ $2 + \underline{7} =$ ☐

2. $1 + 9 =$ ☐

3. $3 + 4 =$ ☐

4. $6 + 3 =$ ☐

5. $4 + 5 =$ ☐

6. $3 + 7 =$ ☐

7. $2 + 4 =$ ☐

8. $5 + 3 =$ ☐

9. $8 + 2 =$ ☐

10. $5 + 2 =$ ☐

11. $3 + 6 =$ ☐

12. $6 + 2 =$ ☐

13. $2 + 8 =$ ☐

14. $7 + 3 =$ ☐

Recuerda

Escribe las partes y el total.

1.  + □

Total □

2. □ + □

Total □

3. □ + □

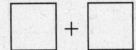

Total □

4. □ + □

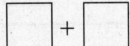

Total □

Escribe las partes y el total para cada dibujo de círculos.

5. □ + □

Total □

6. □ + □

Total □

7. Piensa más allá Haz un círculo alrededor
del número más grande y cuenta hacia
adelante a partir de ese número. Escribe el total.

$4 + 5 = $ □

Juegos de suma: Totales desconocidos

Haz la tarea

Subraya el número mayor.
Cuenta desde ese número.

1. ●●●●
$4 + \underline{5} =$ ☐

2. $6 + 3 =$ ☐

3. $3 + 5 =$ ☐

4. $2 + 3 =$ ☐

5. $2 + 8 =$ ☐

6. $4 + 2 =$ ☐

7. $4 + 3 =$ ☐

8. $7 + 3 =$ ☐

9. $8 + 2 =$ ☐

10. $6 + 2 =$ ☐

11. $3 + 7 =$ ☐

12. $5 + 2 =$ ☐

13. $2 + 7 =$ ☐

14. $7 + 2 =$ ☐

Nombre _____

Recuerda

Escribe las partes y el total para cada dibujo de círculos.

1. +

Total ☐

2. ☐ + ☐

Total ☐

3. ☐ + ☐

Total ☐

4. ☐ + ☐

Total ☐

Escribe las partes y el total. Luego escribe la ecuación.

5. ☐ + ☐

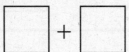

Total ☐

_____
Ecuación

6. Piensa más allá Escribe una ecuación de suma.

Dibuja puntos y cuenta hacia adelante para resolver.

Practicar el conteo hacia adelante

Haz la tarea

Resuelve. Escribe cuántos quedan.

1. Había 7 botes.

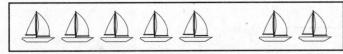

$7 - 4 =$ ☐

Luego se fueron navegando 4.

2. Había 10 velas.

$10 - 7 =$ ☐

Luego se apagaron 7.

3. Había 8 *muffins*.

$8 - 6 =$ ☐

Luego se comieron 7.

4. Había 9 peces.

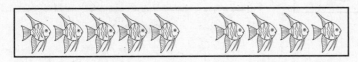

$9 - 5 =$ ☐

Luego se fueron nadando 5.

5. Había 6 elefantes.

$6 - 4 =$ ☐

Luego se fueron 4.

Recuerda

Escribe las partes y el total. Luego escribe la ecuación.

1.

Total

Ecuación

2.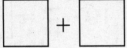

Total

Ecuación

3.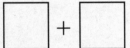

Total

Ecuación

4. **Piensa más allá** Escribe una ecuación para este problema: Hay 8 hormigas. Luego 2 se van caminando.

Ecuación

Representar restas

Nombre _____

Haz la tarea

Resta y escribe la ecuación.

1. ◯◯◯◯◯ ◯◯◯◯

_____
Ecuación

Resta 3

---

2. ◯◯◯◯◯ ◯

_____
Ecuación

Resta 5

---

3. ◯◯◯◯◯ ◯◯◯◯◯

_____
Ecuación

Resta 3

---

4. ◯◯◯◯◯ ◯◯

_____
Ecuación

Resta 4

---

5. ◯◯◯◯◯ ◯◯◯

_____
Ecuación

Resta 4

---

6. ◯◯◯◯◯ ◯◯◯◯

_____
Ecuación

Resta 6

Recuerda

Escribe las partes y el total. Luego escribe la ecuación.

1.  ☐ + ☐

 ●●●●● ●● ○○

Total ☐

_____
Ecuación

2. ☐ + ☐

●●●●● ● ○

Total ☐

_____
Ecuación

Cuenta hacia adelante. Escribe el total.

3. Total
| 5 | ●●●● | = ☐

4. Total
| 7 | ●●● | = ☐

5. Total
| 3 | ●●●●● | = ☐

6. Total
| 6 | ●●● | = ☐

7. **Piensa más allá** Dibuja círculos. Luego
escribe la ecuación y resuelve. Hay 6 mariposas.
4 se van volando. ¿Cuántas quedan?

_____
Ecuación

Restar con dibujos y ecuaciones

Haz la tarea

Usa la ilustración para resolver la ecuación.

1.

$10 - 7 =$ ☐

2.

$7 - 2 =$ ☐

3.

$9 - 6 =$ ☐

4.

$8 - 4 =$ ☐

5.

$5 - 3 =$ ☐

6.

$6 - 2 =$ ☐

7.

$7 - 4 =$ ☐

8.

$9 - 4 =$ ☐

9.

$6 - 4 =$ ☐

10.

$8 - 5 =$ ☐

11.

$10 - 8 =$ ☐

12.

$7 - 7 =$ ☐

Recuerda

Cuenta hacia adelante. Escribe el total.

1.   Total

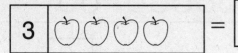 = [ ]

2.   Total

 = [ ]

3.   Total

 = [ ]

4.   Total

4 = [ ]

Halla el número total de juguetes.

5. 8 cornetas en la caja

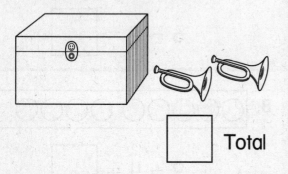

[ ] Total

6. 7 vagones de tren en la caja

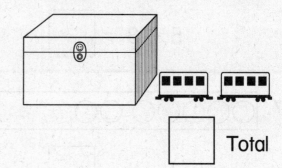

[ ] Total

7. Piensa más allá Dibuja círculos para mostrar
la resta. Luego escribe la ecuación.

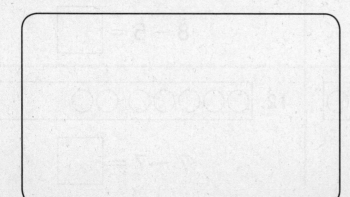

_____
Ecuación

Practicar la resta

Haz la tarea

Usa los círculos para resolver la ecuación.

1. ⭕⭕⭕⭕⭕ ⭕⭕⭕⭕

$9 - 5 = \boxed{}$

2. ⭕⭕⭕⭕ ⭕

$6 - 2 = \boxed{}$

3. ⭕⭕⭕⭕⭕ ⭕⭕⭕⭕⭕

$10 - 8 = \boxed{}$

4. ⭕⭕⭕⭕⭕ ⭕⭕⭕

$8 - 5 = \boxed{}$

5. ⭕⭕⭕⭕⭕ ⭕

$6 - 3 = \boxed{}$

6. ⭕⭕⭕⭕⭕

$5 - 2 = \boxed{}$

7. ⭕⭕⭕⭕⭕ ⭕⭕

$7 - 3 = \boxed{}$

8. ⭕⭕⭕⭕⭕ ⭕⭕⭕⭕

$9 - 6 = \boxed{}$

Resuelve la ecuación.

9. $6 - 4 = \boxed{}$

10. $8 - 6 = \boxed{}$

11. $10 - 2 = \boxed{}$

12. $7 - 1 = \boxed{}$

13. $9 - 7 = \boxed{}$

14. $8 - 4 = \boxed{}$

Recuerda

Halla el número total de juguetes.

1. 4 pelotas en la caja

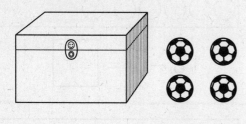

☐ Total

2. 6 osos en la caja

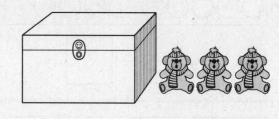

☐ Total

Subraya el número más grande. Cuenta
hacia adelante a partir de ese número.

3. <u>6</u> + 3 = ☐

4. 2 + 5 = ☐

5. 2 + 6 = ☐

6. 7 + 2 = ☐

7. 3 + 7 = ☐

8. 3 + 5 = ☐

9. Piensa más allá Usa dibujos de círculos para
resolver esta ecuación. Muestra tu trabajo.

$8 - 5 = 3$

© Houghton Mifflin Harcourt Publishing Company

Idear problemas de resta

Nombre

Haz la tarea

Usa la suma para resolver restas.

1. $5 + 5 = 10$, entonces sé que $10 - 5 = \boxed{}$.

2. $6 + 4 = 10$, entonces sé que $10 - 4 = \boxed{}$.

3. $3 + 6 = 9$, entonces sé que $9 - 3 = \boxed{}$.

Resuelve verticalmente las restas. Usa cualquier método.

4. $\begin{array}{r} 2 \\ +5 \\ \hline \end{array}$ **5.** $\begin{array}{r} 4 \\ +5 \\ \hline \end{array}$ **6.** $\begin{array}{r} 7 \\ +1 \\ \hline \end{array}$ **7.** $\begin{array}{r} 2 \\ +8 \\ \hline \end{array}$ **8.** $\begin{array}{r} 4 \\ +3 \\ \hline \end{array}$

9. $\begin{array}{r} 3 \\ +5 \\ \hline \end{array}$ **10.** $\begin{array}{r} 8 \\ +1 \\ \hline \end{array}$ **11.** $\begin{array}{r} 1 \\ +9 \\ \hline \end{array}$ **12.** $\begin{array}{r} 6 \\ +3 \\ \hline \end{array}$ **13.** $\begin{array}{r} 5 \\ +4 \\ \hline \end{array}$

Resuelve verticalmente las restas. Piensa en la suma.

14. $\begin{array}{r} 10 \\ -9 \\ \hline \end{array}$ **15.** $\begin{array}{r} 8 \\ -6 \\ \hline \end{array}$ **16.** $\begin{array}{r} 9 \\ -1 \\ \hline \end{array}$ **17.** $\begin{array}{r} 7 \\ -2 \\ \hline \end{array}$ **18.** $\begin{array}{r} 10 \\ -3 \\ \hline \end{array}$

19. $\begin{array}{r} 9 \\ -7 \\ \hline \end{array}$ **20.** $\begin{array}{r} 8 \\ -1 \\ \hline \end{array}$ **21.** $\begin{array}{r} 7 \\ -4 \\ \hline \end{array}$ **22.** $\begin{array}{r} 8 \\ -3 \\ \hline \end{array}$ **23.** $\begin{array}{r} 9 \\ -6 \\ \hline \end{array}$

Recuerda

Subraya el número más grande. Cuenta
hacia adelante a partir de ese número.

1. 3 + <u>7</u> = ☐

2. 6 + 2 = ☐

3. 2 + 5 = ☐

4. 5 + 4 = ☐

5. 6 + 3 = ☐

6. 2 + 8 = ☐

7. 9 + 1 = ☐

8. 4 + 3 = ☐

9. 2 + 6 = ☐

10. 7 + 2 = ☐

11. 3 + 4 = ☐

12. 5 + 3 = ☐

13. 4 + 6 = ☐

14. 1 + 7 = ☐

15. **Piensa más allá** Escribe la suma que puedas
usar para resolver la resta. Luego resuelve.

10 − 3 = ☐   ☐ + ☐ = ☐

Relacionar la suma y la resta

Haz la tarea

Cuenta hacia adelante para sumar.

1. $4 + 2 =$ ☐   **2.** $3 + 5 =$ ☐   **3.** $6 + 2 =$ ☐

4. $\begin{array}{r} 6 \\ + 3 \\ \hline \end{array}$ • • •   **5.** $\begin{array}{r} 5 \\ + 5 \\ \hline \end{array}$ **6.** $\begin{array}{r} 2 \\ + 7 \\ \hline \end{array}$ **7.** $\begin{array}{r} 3 \\ + 4 \\ \hline \end{array}$ **8.** $\begin{array}{r} 4 \\ + 4 \\ \hline \end{array}$

Resta. Dibuja círculos si así lo prefieres.

9. $9 - 2 =$ ☐   **10.** $7 - 5 =$ ☐   **11.** $6 - 3 =$ ☐

12. $\begin{array}{r} 6 \\ - 2 \\ \hline \end{array}$ **13.** $\begin{array}{r} 9 \\ - 5 \\ \hline \end{array}$ **14.** $\begin{array}{r} 10 \\ - 7 \\ \hline \end{array}$ **15.** $\begin{array}{r} 5 \\ - 4 \\ \hline \end{array}$ **16.** $\begin{array}{r} 8 \\ - 2 \\ \hline \end{array}$

Nombre _____

Recuerda

Resuelve. Escribe cuántos quedan.

1. Hay 9 velas.

$9 - 7 =$ ☐

Luego se apagan 7.

---

2. Hay 8 botes.

$8 - 4 =$ ☐

Luego 4 salen a navegar.

Resta y escribe la ecuación.

3.

Resta 4

_____
Ecuación

4.

Resta 2

_____
Ecuación

---

5. **Piensa más allá** Escribe números para completar la resta.

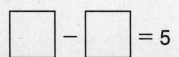 $- $ ☐ $= 5$

Práctica mixta con ecuaciones

Haz la tarea

Haz un dibujo para demostrar el problema.
Escribe y resuelve la ecuación.

Karl ve 2 lechuzas y 5 águilas en un parque.

¿Cuántas aves ve Karl?

$2 + 5 = \boxed{}$

Recuerda

Usa los círculos para resolver la ecuación.

1. ⭕⭕⭕⭕⭕ ⭕⭕⭕⭕⭕

$$10 - 4 = \boxed{}$$

2. ⭕⭕⭕⭕⭕ ⭕⭕⭕⭕

$$9 - 2 = \boxed{}$$

Suma para resolver la resta.

3. $7 + 3 = 10$, sé que $10 - 3 = \boxed{}$.

4. $9 + 1 = 10$, sé que $10 - 1 = \boxed{}$.

5. $4 + 5 = \boxed{}$, sé que $9 - 4 = \boxed{}$.

Resuelve en forma vertical. Piensa en la suma.

6. $\begin{array}{r} 6 \\ -1 \\ \hline \end{array}$ **7.** $\begin{array}{r} 8 \\ -4 \\ \hline \end{array}$ **8.** $\begin{array}{r} 9 \\ -7 \\ \hline \end{array}$ **9.** $\begin{array}{r} 10 \\ -3 \\ \hline \end{array}$ **10.** $\begin{array}{r} 7 \\ -6 \\ \hline \end{array}$

11. Piensa más allá

Resuelve.

Si sé que $7 - 4 = \boxed{}$,

entonces sé que $\boxed{} + \boxed{} = \boxed{}$.

Haz la tarea

Halla la parte desconocida.

1.   8
4 + ☐

2.   7
5 + ☐

3.   10
☐ + 6

4.   6
5 + ☐

5.   9
4 + ☐

6.   10
☐ + 7

7.   7
1 + ☐

8.   8
6 + ☐

9.   10
2 + ☐

10.   6
2 + ☐

11.   9
☐ + 3

12.   5
4 + ☐

Recuerda

Escribe las partes.

1.

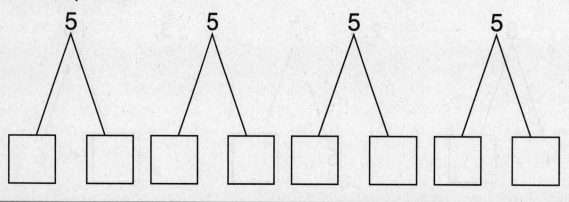

___

Escribe las partes y el total para cada dibujo de círculos.

2.

Total ▢

3.

Total ▢

___

Escribe las partes y el total. Luego escribe la ecuación.

4.

_____
Ecuación

Total ▢

5. Piensa más allá Escribe una ecuación de

suma que te ayude a resolver $9 - 2 = $ ▢.

_____

Explorar números desconocidos

Nombre _____

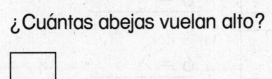

Resuelve el problema.

Muestra los cálculos. Usa dibujos, números o palabras.

1. Veo 8 abejas en el aire.

   5 vuelan bajo. Las otras vuelan alto.

   ¿Cuántas abejas vuelan alto?

abeja

   ☐ _____
   rótulo

2. Hay 7 carros en un parqueadero.

   Luego llegan más carros.

   Ahora hay 9.

   ¿Cuántos carros llegaron?

parqueadero

   ☐ _____
   rótulo

Halla la parte desconocida.

3.   7
   ╱   ╲
  5 + ☐

4.   10
   ╱   ╲
  ☐ + 3

5.   9
   ╱   ╲
  6 + ☐

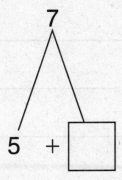
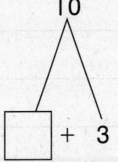
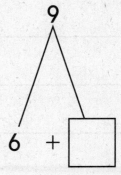

Muestra las partes de 6 y escríbelas.

1.

⟨○○○○○○⟩ | + | $6 = 5 + 1$

⟨○○○○○○⟩ | + | $6 =$ _____

⟨○○○○○○⟩ | + | $6 =$ _____

⟨○○○○○○⟩ | + | $6 =$ _____

⟨○○○○○○⟩ | + | $6 =$ _____

Halla la parte desconocida.

2.   8

☐ $+$ 6

3.   7

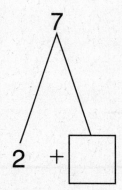

2 $+$ ☐

4.   10

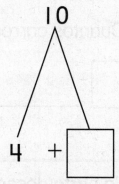

4 $+$ ☐

5. **Piensa más allá** Escribe un problema para el Ejercicio 4.

_____

_____

_____

_____

Haz la tarea

Cuenta hacia adelante para hallar la parte desconocida.

1. 3 + ☐ = 7   **2.** 5 + ☐ = 10   **3.** 2 + ☐ = 6

4. 4 + ☐ = 8   **5.** 7 + ☐ = 9   **6.** 5 + ☐ = 9

7. 6 + ☐ = 9   **8.** 4 + ☐ = 10   **9.** 4 + ☐ = 7

Cuenta hacia adelante para hallar el número
de animales en el establo.

10. 8 en total

☐ en el establo

11. 9 en total

☐ en el establo

12. 10 en total

☐ en el establo

13. 7 en total

☐ en el establo

Recuerda

Escribe las partes y las partes con el orden cambiado.

1.

Tren de 7

Cuenta hacia adelante. Escribe el total.

2.   Total

| 7 | 🍓🍓🍓 | = | □ |

3.   Total

| 5 | 🍎🍎 | = | □ |

4.   Total

| 2 | 🍑🍑🍑🍑 | = | □ |

5.   Total

| 8 | 🎃 | = | □ |

Muestra los cálculos. Usa dibujos, números o palabras.

Resuelve el problema.

6. Ben ve 9 patos en el estanque.
3 son blancos. Los otros son negros.
¿Cuántos patos son negros?

pato

□ _____
rótulo

7. Piensa más allá Escribe tres ecuaciones
de suma cuyo total sea 10.

_____

Resolver ecuaciones con partes desconocidas

Nombre _____

Haz la tarea

Cuenta hacia adelante para hallar la parte desconocida.

1. $6 + \boxed{} = 9$ 2. $5 + \boxed{} = 7$ 3. $8 + \boxed{} = 9$

4. $3 + \boxed{} = 8$ 5. $7 + \boxed{} = 10$ 6. $4 + \boxed{} = 8$

Resuelve el problema.

Muestra los cálculos. Usa dibujos, números o palabras.

7. Hacemos 10 tortas de

   calabaza hoy.

   6 tortas están calientes.

   Las restantes están frías.

   ¿Cuántas tortas están frías?

calabaza

$\boxed{}$ _____
   rótulo

8. Tengo 4 cometas.

   Luego compro más cometas.

   Ahora tengo 7 cometas.

   ¿Cuántas cometas compro?

cometa

$\boxed{}$ _____
   rótulo

Recuerda

Muestra las partes de 8 y cambia el orden de las partes.

1.

| ◯◯◯◯◯◯◯◯ | [ ] + [ ] | y | [ ] + [ ] |

| ◯◯◯◯◯◯◯◯ | [ ] + [ ] | y | [ ] + [ ] |

| ◯◯◯◯◯◯◯◯ | [ ] + [ ] | y | [ ] + [ ] |

| ◯◯◯◯◯◯◯◯ | [ ] + [ ] | y | [ ] + [ ] |

Suma.

2. $2 + 5 =$ [ ]   **3.** $2 + 4 =$ [ ]   **4.** $8 + 2 =$ [ ]

5. $2 + 8 =$ [ ]   **6.** $7 + 2 =$ [ ]   **7.** $5 + 2 =$ [ ]

Resta.

8. $5 - 2 =$ [ ]   **9.** $9 - 2 =$ [ ]   **10.** $7 - 2 =$ [ ]

11. $8 - 2 =$ [ ]   **12.** $6 - 2 =$ [ ]   **13.** $10 - 2 =$ [ ]

14. Piensa más allá Escribe una ecuación de
suma que tenga 3 como la parte desconocida.

_____

Nombre

Haz la tarea

Cuenta hacia adelante para hallar la parte desconocida.

1. $5 + \boxed{} = 7$ **2.** $3 + \boxed{} = 9$ **3.** $4 + \boxed{} = 7$

4. $4 + \boxed{} = 8$ **5.** $6 + \boxed{} = 10$ **6.** $5 + \boxed{} = 9$

Resuelve el problema.

Muestra los cálculos. Usa dibujos, números o palabras.

---

7. Amanda compra 2 melones en la granja.

Rosa también compra algunos melones.

Juntas compran 7 melones.

¿Cuántos compra Rosa?

$\boxed{}$ _____
rótulo

granja

---

8. Tengo 10 máscaras.

7 máscaras son negras.

Las otras son blancas.

¿Cuántas son blancas?

$\boxed{}$ _____
rótulo

máscara

Practicar con partes desconocidas **59**

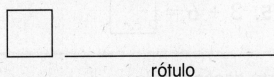

Recuerda

Muestra las partes de 9 y cambia el orden de las partes.

1. ⚪⚪⚪⚪⚪⚪⚪⚪⚪   [+]   y   [+]

⚪⚪⚪⚪⚪⚪⚪⚪⚪   [+]   y   [+]

⚪⚪⚪⚪⚪⚪⚪⚪⚪   [+]   y   [+]

⚪⚪⚪⚪⚪⚪⚪⚪⚪   [+]   y   [+]

Subraya el número más grande. Cuenta
hacia adelante a partir de ese número.

2. $3 + 7 = \square$ **3.** $5 + 3 = \square$

4. $7 + 2 = \square$ **5.** $3 + 6 = \square$

Cuenta hacia adelante para hallar la parte desconocida.

6. $3 + \square = 10$ **7.** $4 + \square = 6$ **8.** $2 + \square = 9$

9. $4 + \square = 7$ **10.** $3 + \square = 8$ **11.** $4 + \square = 10$

12. Piensa más allá Sal tiene 6 globos.

Compra otros más. Después tiene

10 globos. ¿Cuántos globos compra Sal?

_____ Globos

Practicar con partes desconocidas

Haz la tarea

Cuenta hacia adelante para resolver.

1. $6 - 4 = $ ☐   2. $10 - 7 = $ ☐   3. $8 - 3 = $ ☐

4. $\begin{array}{r} 9 \\ -\ 5 \\ \hline \end{array}$ 5. $\begin{array}{r} 8 \\ -\ 5 \\ \hline \end{array}$ 6. $\begin{array}{r} 7 \\ -\ 3 \\ \hline \end{array}$

Resuelve el problema.

Muestra los cálculos. Usa dibujos, números o palabras.

---

7. Hay 6 tazas en una bandeja.
   Retiramos 3.
   ¿Cuántas tazas quedan?

bandeja

   ☐ _____
        rótulo

---

8. Veo 10 insectos en las escaleras.
   6 de ellos se van volando.
   ¿Cuántos insectos quedan ahí?

insecto

   ☐ _____
        rótulo

Recuerda

Escribe las partes de 10 y las partes con el orden cambiado.

1. ●●●●●   ●●●●●   ●●●●●   ●●●●●   ●●●●●
    ●●●●○   ●●●○○   ●●○○○   ●○○○○   ○○○○○

    $\underline{9 + 1}$ $\underline{ + }$ $\underline{ + }$ $\underline{ + }$ $\underline{ + }$

    $\underline{1 + 9}$ $\underline{ + }$ $\underline{ + }$ $\underline{ + }$ $\underline{ + }$

Subraya el número más grande. Cuenta
hacia adelante a partir de ese número.

2. $5 + 2 =$ ☐   **3.** $8 + 2 =$ ☐

4. $3 + 5 =$ ☐   **5.** $3 + 7 =$ ☐

Resuelve el problema.   **Muestra los cálculos. Usa dibujos, números o palabras.**

6. Kate tiene 2 libros. Compra
más libros. Entonces tiene
9 libros. ¿Cuántos libros
compro Kate?

libro

☐ _____
   rótulo

7. Piensa más allá Mira el problema
anterior. ¿Requiere un rótulo la respuesta
para que tenga sentido? Explica.

_____

_____

Estrategias de restas

Haz la tarea

Cuenta hacia adelante para resolver.

1. $8 - 4 =$ ☐   2. $10 - 6 =$ ☐   3. $7 - 5 =$ ☐

4.　　9
　　− 4
　　‾‾‾

5.　　5
　　− 3
　　‾‾‾

6.　　7
　　− 2
　　‾‾‾

Resuelve el problema.

Muestra los cálculos. Usa dibujos, números o palabras.

7. Hay 10 personas en el autobús. Luego se bajan 7. ¿Cuántas personas hay en el autobús ahora?

autobús

☐ _____
　　rótulo

8. Dan tiene 10 conchas en su bolsa. Luego regala 3 conchas. ¿Cuántas conchas tiene ahora?

concha

☐ _____
　　rótulo

Recuerda

Resta.

1. $8 - 1 = \boxed{}$ **2.** $3 - 1 = \boxed{}$ **3.** $10 - 1 = \boxed{}$

4. $7 - 0 = \boxed{}$ **5.** $4 - 0 = \boxed{}$ **6.** $9 - 0 = \boxed{}$

Usa dobles para resolver.

7. $2 + 2 = \boxed{}$ **8.** $5 + 5 = \boxed{}$ **9.** $4 + 4 = \boxed{}$

10. $4 - 2 = \boxed{}$ **11.** $10 - 5 = \boxed{}$ **12.** $8 - 4 = \boxed{}$

Resuelve el problema.

Muestra los cálculos. Usa dibujos, números o palabras.

---

13. Tengo 10 botones. 8 son negros. Los otros son rojos. ¿Cuántos botones son rojos?

botón

$\boxed{}$ _____
rótulo

14. Piensa más allá Dibuja una Montaña matemática para resolver el Problema 13.

Problemas y juegos de resta

Nombre _____

Haz la tarea

Cuenta hacia adelante para resolver.

1. $6 - 4 = \boxed{}$ 2. $9 - 5 = \boxed{}$ 3. $8 - 2 = \boxed{}$

4. $\begin{array}{r} 10 \\ -3 \\ \hline \end{array}$ 5. $\begin{array}{r} 7 \\ -3 \\ \hline \end{array}$ 6. $\begin{array}{r} 9 \\ -6 \\ \hline \end{array}$

Resuelve el problema.

Muestra los cálculos. Usa dibujos, números o palabras.

columpio

7. Hay 7 niñas jugando. 3 saltan cuerda. El resto está en los columpios. ¿Cuántas niñas hay los columpios?

$\boxed{}$ _____
rótulo

murciélago

8. Veo 9 murciélagos en un árbol. Luego 2 salen volando. ¿Cuántos murciélagos quedan?

$\boxed{}$ _____
rótulo

Recuerda

Subraya el número más grande. Cuenta
hacia adelante a partir de ese número.

1. 3 + 6 = ☐   **2.** 3 + 2 = ☐

3. 5 + 2 = ☐   **4.** 2 + 8 = ☐

Cuenta hacia adelante para resolver.

5. 8 − 5 = ☐   **6.** 7 − 3 = ☐   **7.** 10 − 8 = ☐

8.   7   **9.**   6   **10.**   9
     − 4   − 4   − 5

Resuelve el problema.

**Muestra los cálculos. Usa
dibujos, números o palabras.**

11. Hay 9 niños jugando corre
que te toco. Luego salen
6 niños del juego. ¿Cuántos
niños juegan corre que te
toco ahora?

niños

☐ _____
   rótulo

12. Piensa más allá Escribe una ecuación
para el Problema 11.

_____

Practicar con problemas de resta

Nombre _____

Haz la tarea

Resuelve. Fíjate en los signos.

1. $4 + 5 = \boxed{}$ **2.** $5 + \boxed{} = 8$ **3.** $\boxed{} + 4 = 7$

4. $8 - 3 = \boxed{}$ **5.** $10 - \boxed{} = 5$ **6.** $\boxed{} - 6 = 3$

Resuelve el problema.

Muestra los cálculos. Usa dibujos, números o palabras.

7. Una ardilla encuentra
6 nueces. Se come 2.
¿Cuántas nueces quedan?

$\boxed{}$ _____
rótulo

ardilla

8. Mia tiene 8 flores y regala
algunas. Quedan 5 flores.
¿Cuántas flores regala?

$\boxed{}$ _____
rótulo

flor

9. Vito tiene 7 uvas. Le dan
otras uvas más. Ahora tiene
10 uvas. ¿Cuántas uvas le dieron?

$\boxed{}$ _____
rótulo

uvas

Relacionar sumas y restas **67**

Recuerda

Cuenta hacia adelante para resolver.

1. 8
    − 2

2. 5
    − 4

3. 10
    − 3

4. 9
    − 5

5. 6
    − 4

6. 7
    − 3

Resuelve. Escribe cuántos quedan.

7. Hay 8 peces.

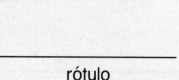

Luego 5 se van nadando.

Resuelve el problema.

$$8 - 5 = \boxed{}$$

Muestra los cálculos. Usa dibujos, números o palabras.

---

8. Veo 8 aves en un árbol. Luego 4 aves se van volando. ¿Cuántas aves quedan en el árbol?

ave

$\boxed{}$ _____

rótulo

9. Piensa más allá Completa el problema. Luego escribe una ecuación para resolverlo. Jake tiene 6 camiones de juguete. Algunos son grandes. 2 son pequeños.

Relacionar sumar y restas

Haz la tarea

Resuelve. Fíjate en los signos.

1. 3 + 7 = ☐   **2.** 6 + ☐ = 9   **3.** ☐ + 2 = 7

4. 7 − 2 = ☐   **5.** 8 − ☐ = 4   **6.** ☐ − 2 = 8

Resuelve el problema.

Muestra los cálculos. Usa dibujos, números o palabras.

---

7. Veo 8 nubes en el cielo. Luego
6 nubes pasan y se van.
¿Cuántas nubes quedan?

☐ _____
  rótulo

nube

---

8. Vemos 5 mariposas en la cerca. Luego
algunas aterrizan en una roca. Ahora hay
9 mariposas. ¿Cuántas aterrizan en la roca?

☐ _____
  rótulo

cerca

---

9. Hay algunos botes en el muelle. Luego
4 salen a navegar. Ahora hay 6 botes.
¿Cuántos botes había antes?

☐ _____
  rótulo

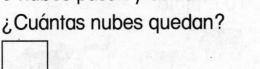
bote

Recuerda

Resta y escribe la ecuación.

1.
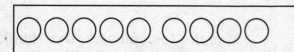

Resta 4.

_____
Ecuación

2.

◯◯◯◯◯ ◯◯◯◯

_____
Ecuación

Resta 5.

Halla el número de animales en el establo.

3. 8 en total

☐ en el establo

4. 10 en total

☐ en el establo

Resuelve. Fíjate en los signos.

5. $5 + 4 = $ ☐   **6.** $7 + $ ☐ $= 10$ **7.** ☐ $+ 2 = 10$

8. $8 - 4 = $ ☐   **9.** $7 - $ ☐ $= 4$ **10.** ☐ $- 2 = 4$

11. Piensa más allá ¿Cómo resolviste el Ejercicio 6?

_____

Resolver problemas mixtos

Haz la tarea

Resuelve. Fíjate en los signos.

1. $3 + 6 = \boxed{}$ 2. $5 + \boxed{} = 9$ 3. $\boxed{} + 2 = 7$

4. $7 - 4 = \boxed{}$ 5. $10 - \boxed{} = 7$ 6. $\boxed{} - 5 = 3$

Resuelve el problema.

Muestra los cálculos. Usa dibujos, números o palabras.

---

7. Vemos algunas cebras. 6 se van. Ahora hay 2 cebras. ¿Cuántas cebras hay al comienzo?

$\boxed{}$ _____
rótulo

cebras

---

8. Tim tenía 10 carros de juguete en su habitación. Entonces regala algunos. Ahora hay 4. ¿Cuántos carros de juguete regala Tim?

$\boxed{}$ _____
rótulo

carro de juguete

---

9. Zoe tiene 4 lápices en el escritorio. Consigue otros más. Ahora tiene 9 lápices. ¿Cuántos lápices consigue?

$\boxed{}$ _____
rótulo

escritorio

Recuerda

Suma.

1. 8
      + 2

2. 3
      + 7

3. 1
      + 9

4. 6
      + 4

5. 5
      + 5

6. 4
      + 6

Cuenta hacia adelante para calcular la parte desconocida.

7. 8 + ☐ = 10   **8.** 2 + ☐ = 7   **9.** 9 + ☐ = 10

10. 5 + ☐ = 7   **11.** 7 + ☐ = 10   **12.** 4 + ☐ = 8

Muestra los cálculos. Usa dibujos, números o palabras.

Resuelve el problema.

---

13. Veo 9 carros en el estacionamiento.
Luego se van 4 carros. ¿Cuántos
carros quedan?

carro

☐ _____
         rótulo

14. Piensa más allá Sal escribe la ecuación

4 + ☐5 = 9 para resolver el Problema 13.

Escribe una ecuación de resta para resolver
el problema.

Practicar con problemas mixtos

Haz la tarea

Usa la ilustración para escribir un problema.

Escribe una ecuación y resuélvela.

_____

- -

_____

- -

_____

- -

_____

- -

_____

- -

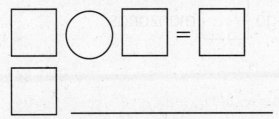

rótulo

Nombre _____

Recuerda

Resuelve el problema.

Muestra los cálculos. Usa dibujos, números o palabras.

---

1. Yolanda tiene 9 gatos. 2 gatos son negros. Los otros son blancos. ¿Cuántos gatos son blancos?

gato

☐ _____
rótulo

---

2. Hay 5 limones en una bandeja. Retiramos 3 limones. ¿Cuántos limones quedan?

bandeja

☐ _____
rótulo

---

3. Tengo 8 CD. Compro más CD. Ahora tengo 10 CD. ¿Cuántos CD compro?

CD

☐ _____
rótulo

---

4. Piensa más allá Rellena los números para hacer tu propio problema. Luego resuelve.

Tengo ☐ manzanas.

Compro más manzanas. Ahora tengo ☐ manzanas.

¿Cuántas manzanas compro?

☐ _____
rótulo

Enfoque en la práctica matemática

Nombre _____

Haz la tarea

¿Cuántas estrellas? Cuenta de diez en diez.

1.

_____ _____ _____ _____ _____ _____ _____

Total

Suma 1 decena.

2.

$$60 + 10 = \boxed{}$$

3.

$$20 + 10 = \boxed{}$$

4. $80 + 10 = \boxed{}$

5. $90 + 10 = \boxed{}$

6. $40 + 10 = \boxed{}$

7. $70 + 10 = \boxed{}$

Recuerda

Escribe las partes.

1.

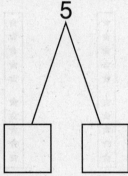 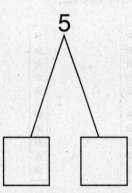 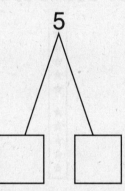 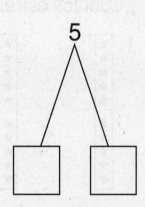

5   5   5   5

Escribe las partes y el total para cada dibujo de círculos.

2. ☐ + ☐

●●●●● ○○○○○

Total ☐

3. ☐ + ☐

●●●●● ●●○○

Total ☐

Resuelve el problema.

Muestra los cálculos. Usa dibujos, números o palabras.

4. Hay 5 pollos en el gallinero. Llegan más pollos. Ahora hay 9 pollos. ¿Cuántos pollos llegaron?

pollo

☐ _____
rótulo

5. Piensa más allá ¿Qué número es 5 decenas y 10 unidades? Escribe el número. Explica con un dibujo.

☐

Presentar la agrupación de decenas

Haz la tarea

Escribe cuántos hay.

1.	2.	3.	4.	5.

Halla la parte o el total desconocido.

6. 10 + 6 = ☐   **7.** 10 + ☐ = 18

8. 10 + 1 = ☐   **9.** 10 + ☐ = 15

Comienza en 10. Cuenta. Escribe los números del 11 al 19.

10.

10				14

		17		

Recuerda

Escribe las partes y las partes con el orden cambiado.

I.

Tren de 8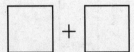

Escribe las partes y el total. Luego escribe la ecuación.

2. □ + □

Total □

_____
Ecuación

Suma I decena.

3. $60 + 10 =$ □   **4.** $20 + 10 =$ □

5. $80 + 10 =$ □   **6.** $50 + 10 =$ □

7. $70 + 10 =$ □   **8.** $30 + 10 =$ □

9. Piensa más allá Si $10 + 7 = 17$,
¿entonces cuánto es $20 + 7$?
Explica con un dibujo.

$20 + 7 =$ □

Haz la tarea

Escribe cuántos hay.

1.

2.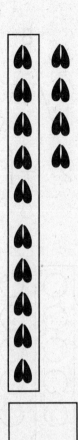

3.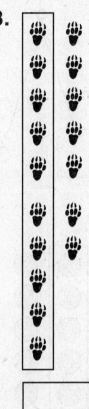

4.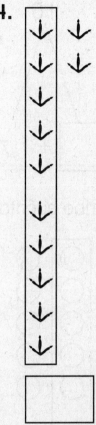

Calcula el total.

5. 10 + 9 =

6. 10 + 4 =

7. 10 + 2 =

8. 10 + 8 =

9. 10 + 6 =

Escribe el número del 11 al 19.

10. | ○ ○ ○ ○ ○

11. | ○ ○ ○ ○ ○
        ○ ○ ○ ○

12. | ○ ○ ○ ○ ○
        ○ ○

Recuerda

Halla la parte desconocida.

1.

10

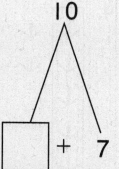

$\square$ + 7

2.

9

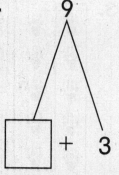

$\square$ + 3

3.

8

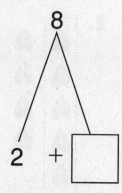

2 + $\square$

4.

7

5 + $\square$

Escribe cuántos hay.

5.

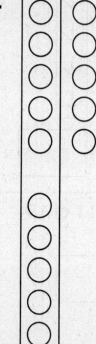

$\square$

6.

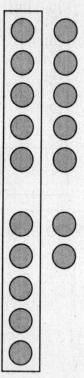

$\square$

7.

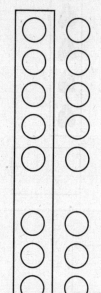

$\square$

8.

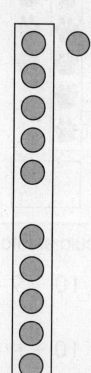

$\square$

9. **Piensa más allá** Escribe o dibuja dos maneras diferentes de mostrar el número 13.

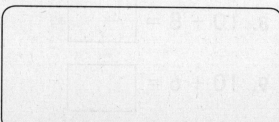

Representar y comparar números del 11 al 19

Haz la tarea

Escribe una ecuación para cada dibujo. Luego forma una decena.

1.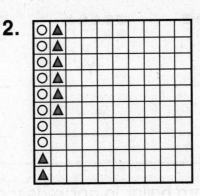

7 + _____

10 + _____

2.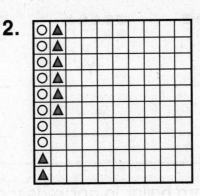

_____

_____

3.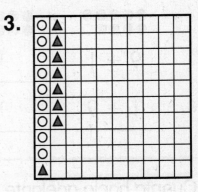

_____

_____

4. Emilia tiene una caja con 10 jabones y 4 jabones extras. ¿Cuántos jabones tiene Emilia?

jabón

◻️ _____

rótulo

Calcula el total.

5. 7 + 6 = ◻️   6. 9 + 6 = ◻️   7. 8 + 4 = ◻️

8.   6
   + 5
   ____

9.   9
   + 8
   ____

10.   7
    + 7
    ____

Recuerda

1. Escribe las partes de 10 y las partes con el orden cambiado.

9 + 1	+	+	+	+
1 + 9	+	+	+	+

Cuenta hacia adelante para hallar la parte desconocida.

2. $5 + \boxed{} = 8$ **3.** $6 + \boxed{} = 9$ **4.** $5 + \boxed{} = 10$

Cuenta hacia adelante para resolver.

5. $\begin{array}{r} 9 \\ -5 \\ \hline \end{array}$ **6.** $\begin{array}{r} 7 \\ -3 \\ \hline \end{array}$ **7.** $\begin{array}{r} 10 \\ -9 \\ \hline \end{array}$ **8.** $\begin{array}{r} 6 \\ -4 \\ \hline \end{array}$

Escribe el número del 11 al 19.

9.    **10.**

11. Piensa más allá Elige un total de números del 11 al 19. Escribe tres ecuaciones que muestren diferentes partes de tu total.

_____   _____   _____
ecuación   ecuación   ecuación

Visualizar la suma de números del 11 al 19

Haz la tarea

Resuelve el problema.

Muestra tus cálculos. Usa dibujos, números o palabras.

1. Hay 5 niños dentro de una tienda de campaña y 8 niños afuera de la tienda de campaña. ¿Cuántos niños hay?

tienda de campaña

[ ] _____
rótulo

2. Ayer pesqué 6 peces. Hoy pesqué 7 peces. ¿Cuántos peces pesqué en total?

pez

[ ] _____
rótulo

Calcula el total de los números del 11 al 19.

3. $8 + 7 =$ [ ]   **4.** $9 + 3 =$ [ ]   **5.** $4 + 8 =$ [ ]

6. $9 + 6 =$ [ ]   **7.** $8 + 8 =$ [ ]   **8.** $8 + 9 =$ [ ]

9. $7 + 7 =$ [ ]   **10.** $5 + 7 =$ [ ]   **11.** $6 + 5 =$ [ ]

Recuerda

Cuenta hacia adelante para calcular el total.

1. $2 + 5 =$ ☐

2. $4 + 2 =$ ☐

3. $3 + 7 =$ ☐

4. $6 + 4 =$ ☐

5. $3 + 5 =$ ☐

6. $5 + 4 =$ ☐

Cuenta hacia adelante para hallar la parte desconocida.

7. $6 +$ ☐ $= 9$

8. $8 +$ ☐ $= 10$

9. $5 +$ ☐ $= 10$

10. $5 +$ ☐ $= 8$

11. $4 +$ ☐ $= 7$

12. $7 +$ ☐ $= 9$

Escribe una ecuación para el dibujo. Luego forma una decena.

13.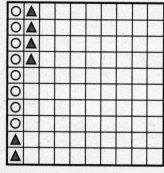

14.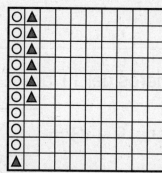

15.

_____

_____

16. Piensa más allá Escribe un problema

para $9 + 5 =$ ☐ y resuélvelo.

_____

Estrategias para sumar números del 11 al 19

Nombre _____

Haz la tarea

Calcula el total.

1. $9 + 9 =$ ☐   **2.** $5 + 5 =$ ☐   **3.** $8 + 8 =$ ☐

4. $7 + 7 =$ ☐   **5.** $10 + 10 =$ ☐   **6.** $6 + 6 =$ ☐

Usa un doble para calcular el total.

7. $6 + 8 =$ ☐   **8.** $8 + 9 =$ ☐   **9.** $7 + 6 =$ ☐

10. $5 + 6 =$ ☐   **11.** $7 + 9 =$ ☐   **12.** $5 + 4 =$ ☐

13. $7 + 5 =$ ☐   **14.** $7 + 8 =$ ☐   **15.** $6 + 4 =$ ☐

16. $9 + 8 =$ ☐   **17.** $8 + 7 =$ ☐   **18.** $8 + 10 =$ ☐

19. $8 + 6 =$ ☐   **20.** $6 + 5 =$ ☐   **21.** $9 + 10 =$ ☐

22. $6 + 7 =$ ☐   **23.** $9 + 7 =$ ☐   **24.** $5 + 7 =$ ☐

Recuerda

Subraya el número más grande. Cuenta hacia adelante a partir de ese número.

1. $2 + 8 =$ ☐

2. $7 + 3 =$ ☐

3. $5 + 2 =$ ☐

4. $4 + 5 =$ ☐

Resuelve el problema.

Muestra los cálculos. Usa dibujos, números o palabras.

5. Adam tiene 10 manzanas. 7 manzanas son rojas y el resto son verdes. ¿Cuántas manzanas son verdes?

☐ _____
rótulo

manzana

6. Leí 8 libros esta semana. La semana pasada leí 7 libros. ¿Cuántos libros leí en total?

☐ _____
rótulo

libro

7. **Piensa más allá** Busca un patrón. Halla el doble de 11.

$8 + 8 = 16$

$9 + 9 = 18$

$10 + 10 = 20$

$11 + 11 =$ ☐

Investigar dobles

Nombre _____

Haz la tarea

1. ¿Cuántas tortugas hay?

2. ¿Cuántas mariposas hay?

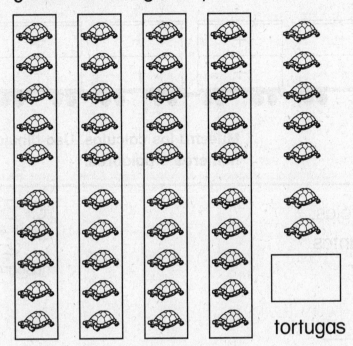

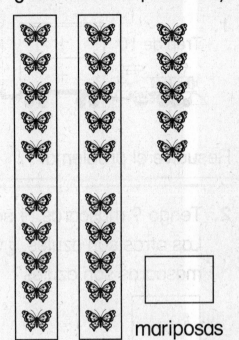

tortugas

mariposas

Escribe los números.

3.

_____ = _____ decenas _____ unidades

4.

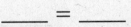

_____ = _____ decenas _____ unidades

5.

_____ = _____ decenas _____ unidades

Dibuja palitos de decenas y círculos.

6. 52

7. 26

8. 48

Recuerda

Escribe las partes y las partes con el orden cambiado.

I.

Tren de 10

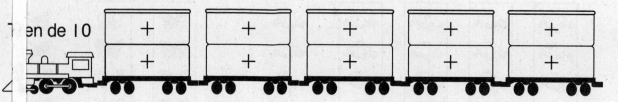

Resuelve el problema.

Muestra los cálculos. Usa dibujos, números o palabras.

2. Tengo 9 máscaras. 4 son rojas.
Las otras son azules. ¿Cuántas
máscaras son azules?

máscara

_____
rótulo

Usa un doble para calcular el total.

3. $6 + 5 =$ ☐   **4.** $9 + 8 =$ ☐   **5.** $7 + 6 =$ ☐

6. $5 + 7 =$ ☐   **7.** $7 + 9 =$ ☐   **8.** $6 + 8 =$ ☐

9. Piensa más allá Tully dibuja 4 palitos
de decena y menos de 10 círculos para
formar un número. Escribe los números
que puede formar Tully.

_____

Nombre _____

Haz la tarea

Escribe los números.

1.

_____ = _____ decenas _____ unidades

Dibuja palitos de decenas y círculos.

3. 81

2. |||| |||| ○ ○

_____ = _____ decenas _____ unidades

4. 27

Escribe el número. Encierra en un círculo el nombre del número.

5. ||
[____]   dos   doce   veinte

6. | ○
[____]   uno   diez   once

7. |||||
[____]   cuatro   catorce   cuarenta

8. | ○ ○ ○
[____]   tres   trece   treinta

Integrar decenas y unidades **89**

Recuerda

Subraya el número más grande.

Cuenta a partir de ese número.

1. $5 + 2 =$ ☐

2. $6 + 3 =$ ☐

3. $3 + 7 =$ ☐

4. $1 + 9 =$ ☐

Escribe el número.

5. | | | | ○ ○ ○ ○ ○ ○ ○ ☐

6. | | | | | ○ ○ ○ ○ ☐

Dibuja palitos de decena y círculos.

7. 82

8. 39

☐

Resuelve el problema.

Muestra los cálculos. Usa dibujos, números o palabras.

9. Aria tiene 10 muñecas. Regala 5. ¿Cuántas muñecas quedan?

☐ _____
       rótulo

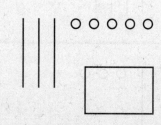
muñeca

10. Piensa más allá Sue dice que el dibujo muestra 35. Liam dice que el dibujo muestra 53. Encierra en un círculo las decenas. Subraya las unidades. Escribe la respuesta correcta.

| | | ○ ○ ○ ○ ○

☐

Nombre _____

Haz la tarea

Escribe el número.

1. ||||||| ° ° [ ]

2. | ° ° ° ° ° / ° ° [ ]

Dibuja palitos de decenas y círculos.

3. 73

4. 19

Dibuja palitos de decenas y círculos. Escribe el número que se muestra.

5. [ ] = 30 + 4

6. [ ] = 50 + 6

7. [ ] = 40 + 1

8. [ ] = 60 + 5

Escribe el número que sigue.

9. | 38 | 39 | [ ] |

10. | 58 | 59 | [ ] |

11. | 88 | 89 | [ ] |

12. | 48 | 49 | [ ] |

Practicar la agrupación de unidades en decenas **91**

Recuerda

Cuenta hacia adelante para resolver.

1. $8 - 4 = \boxed{}$ 2. $10 - 7 = \boxed{}$ 3. $9 - 5 = \boxed{}$

4. $\begin{array}{r} 9 \\ -6 \\ \hline \end{array}$ 5. $\begin{array}{r} 7 \\ -5 \\ \hline \end{array}$ 6. $\begin{array}{r} 10 \\ -8 \\ \hline \end{array}$

Escribe el número. Encierra en un círculo el numeral.

7. | | | | | | | | $\boxed{}$ ocho   dieciocho   ochenta

---

8. ○○○○○ ○○ $\boxed{}$ siete   diecisiete   setenta

Calcula el total. Luego forma una decena.

9. $8 + 7 = \boxed{}$ 10. $5 + 9 = \boxed{}$

$10 + \boxed{} = \boxed{}$ $10 + \boxed{} = \boxed{}$

11. **Piensa más allá** ¿Qué número es 1 más que 99? Haz un dibujo para demostrar cómo lo sabes.

Practicar la agrupación de unidades en decenas

Haz la tarea

Cada frasco tiene 10 frijoles. ¿Cuántos frijoles hay?

1.

2.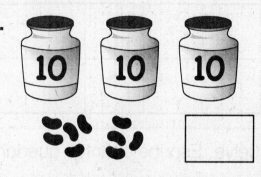

3.

4.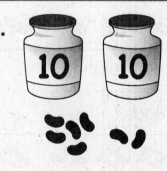

Cada caja en la panadería puede contener 10 roscas.
Dibuja para resolver el problema.

5. Hay 7 cajas y 4 roscas extras.
¿Cuántas roscas hay?

6. Hay 3 cajas y 8 roscas extras.
¿Cuántas roscas hay?

[ ] roscas

[ ] roscas

Recuerda

1. Escribe los números del 1 al 20.

1	2					7			
11			14						

Resuelve. Escribe cuántas quedan.

2. Hay 8 mariposas.

Luego 5 se van volando.

$8 - 5 = \boxed{}$

---

3. Hay 10 tortugas.

 $10 - 8 = \boxed{}$

Luego 8 se van caminando lentamente.

Escribe el número que sigue.

4.
| 78 | 79 | |

5.
| 48 | 49 | |

6.
| 88 | 89 | |

7.
| 68 | 69 | |

8. Piensa más allá Elige una manera de resolver $6 + 7$
y enciérrala en un círculo. Luego, haz un dibujo para mostrar tu
trabajo.

contar hacia
adelante

formar una decena

dobles más 1

Sumar con grupos de diez

Haz la tarea

Cada caja tiene 10 crayolas. ¿Cuántas crayolas hay?

1.

2.
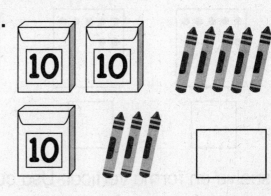

3.

4.

Escribe los números.

5.

_____ = _____ decenas _____ unidades

6.

_____ = _____ decenas _____ unidades

Dibuja palitos de decenas y círculos.

7. 34

8. 62

Recuerda

1. Escribe cuántos puntos hay. Mira los cinco puntos en cada grupo.

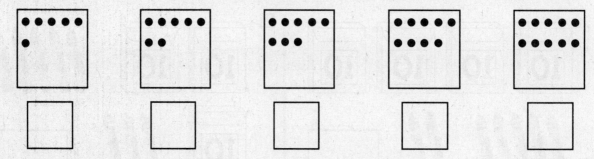

Resuelve en forma vertical. Usa cualquier método.

2. 4
  + 5

3. 3
  + 7

4. 9
  + 1

5. 1
  + 9

6. 5
  + 2

7. 3
  + 3

8. 3
  + 5

9. 1
  + 8

10. 4
   + 6

11. 4
   + 4

Cada frasco tiene 10 frijoles. ¿Cuántos frijoles hay?

12.

13.

14. **Piensa más allá** Dibuja un problema nuevo como el Ejercicio 13. Muestra grupos de 10 y extras. Escribe el número.

Haz la tarea

Compara los números.
Escribe >, < o =.

1.

$$25 \bigcirc 41$$

2.

$$37 \bigcirc 32$$

3. $46 \bigcirc 46$ 4. $80 \bigcirc 79$ 5. $30 \bigcirc 40$

6. $84 \bigcirc 93$ 7. $51 \bigcirc 37$ 8. $61 \bigcirc 16$

9. $44 \bigcirc 4$ 10. $75 \bigcirc 75$ 11. $56 \bigcirc 57$

Compara los números de dos maneras.
Escribe los números.

12. Compara 18 y 21.

13. Compara 76 y 67.

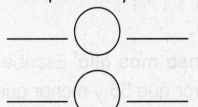

14. Compara 42 y 43.

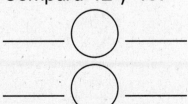

15. Compara 50 y 95.

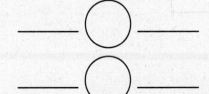

Recuerda

Resta y escribe la ecuación.

1. ⬜ ◯◯◯◯◯ ◯◯◯◯◯

_____
Ecuación

Resta 4

2. ◯◯◯◯◯ ◯◯◯◯◯

_____
Ecuación

Resta 6

Resuelve. Fíjate en los signos.

3. $5 + 5 = \boxed{}$ **4.** $8 + \boxed{} = 9$ **5.** $\boxed{} + 4 = 8$

6. $8 - 4 = \boxed{}$ **7.** $10 - \boxed{} = 7$ **8.** $\boxed{} - 2 = 7$

Escribe el número.

9. ||||| || ◦ $\boxed{}$ **10.** ||| ◦◦◦◦◦ ◦ $\boxed{}$

11. Piensa más allá Escribe un número
mayor que 55 y menor que 65.

$\boxed{}$

Nombre _____

Haz la tarea

Suma.

1. $4 + 2 =$ ☐ $40 + 20 =$ ☐

2. $3 + 5 =$ ☐ $30 + 50 =$ ☐

3. $6 + 3 =$ ☐ $60 + 30 =$ ☐

4. $2 + 5 =$ ☐ $20 + 50 =$ ☐

5. $50 + 1 =$ ☐ $50 + 10 =$ ☐

6. $80 + 1 =$ ☐ $80 + 10 =$ ☐

7. Cada lata tiene 10 duraznos.
   ¿Cuántos duraznos hay en total?

☐ duraznos

Recuerda

Resuelve el problema.

Muestra los cálculos. Usa dibujos, números o palabras.

1. Noah ve 10 tortugas. Algunas tortugas se van nadando. Ahora hay 4 tortugas. ¿Cuántas tortugas se fueron nadando?

tortuga

▢ _____

   rótulo

Calcula la parte desconocida.

2. 5 + ▢ = 6   **3.** 8 + ▢ = 9   **4.** 6 + ▢ = 10

5. 8 + ▢ = 10   **6.** 5 + ▢ = 8   **7.** 2 + ▢ = 7

Compara los números.
Escribe >, < o =

8. 28 ◯ 28   **9.** 18 ◯ 81   **10.** 34 ◯ 36

11. 97 ◯ 79   **12.** 53 ◯ 53   **13.** 60 ◯ 59

14. **Piensa más allá** Elige un número entre 25 y 37. Escribe el número. Súmale una decena. Luego súmale otra decena. Escribe el número nuevo.

▢   ▢
Mi número   Número nuevo

Sumar decenas o unidades

Nombre _____

Haz la tarea

Resuelve.

1. $4 + 3 =$ _____

$40 + 30 =$ _____

$40 + 3 =$ _____

2. $2 + 7 =$ _____

$20 + 70 =$ _____

$20 + 7 =$ _____

3. $5 + 4 =$ _____

$50 + 40 =$ _____

$50 + 4 =$ _____

4. $1 + 5 =$ _____

$10 + 50 =$ _____

$10 + 5 =$ _____

5. $6 + 2 =$ _____

$60 + 20 =$ _____

$60 + 2 =$ _____

6. $5 + 3 =$ _____

$50 + 30 =$ _____

$50 + 3 =$ _____

7. $2 + 4 =$ _____

$20 + 40 =$ _____

$20 + 4 =$ _____

8. $8 + 1 =$ _____

$80 + 10 =$ _____

$80 + 1 =$ _____

9. Cada caja tiene 10 crayolas.
   ¿Cuántas crayolas hay en total?

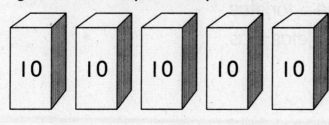 

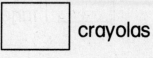 crayolas

Recuerda

1. Escribe los números del 1 al 20.

Cuenta hacia adelante para calcular la parte desconocida.

2. $5 + \boxed{} = 9$ 3. $8 + \boxed{} = 10$ 4. $7 + \boxed{} = 8$

5. $4 + \boxed{} = 7$ 6. $7 + \boxed{} = 10$ 7. $2 + \boxed{} = 5$

Suma.

8. $2 + 6 = \boxed{}$ $20 + 60 = \boxed{}$

9. $7 + 2 = \boxed{}$ $70 + 20 = \boxed{}$

10. $50 + 1 = \boxed{}$ $50 + 10 = \boxed{}$

11. **Piensa más allá** Lucas tiene 5 tarjetas de intercambio. Obtiene 30 tarjetas más. ¿Cuántas tarjetas tiene ahora?

$\boxed{}$ tarjetas

Suma mixta con decenas y unidades

Haz la tarea

Calcula el total.

1. 38 + 4 = ☐   **2.** 42 + 5 = ☐   **3.** 56 + 7 = ☐

4. 78 + 2 = ☐   **5.** 60 + 8 = ☐   **6.** 15 + 4 = ☐

7. 59 + 3 = ☐   **8.** 92 + 6 = ☐   **9.** 81 + 5 = ☐

10. 12 + 5 = ☐   **11.** 23 + 7 = ☐   **12.** 64 + 7 = ☐

Cuenta. Escribe los números.

13.

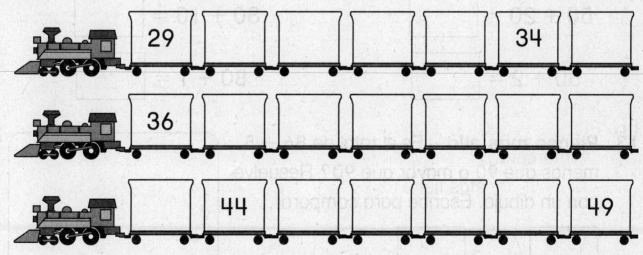

Recuerda

Resuelve. Fíjate en los signos.

1. $2 + 5 = \boxed{}$

2. $6 + \boxed{} = 10$

3. $\boxed{} + 8 = 10$

4. $9 - 4 = \boxed{}$

5. $10 - \boxed{} = 1$

6. $\boxed{} - 6 = 1$

Escribe el número.

7. |||||| |||| $\boxed{}$

8. | ∘ ∘ $\boxed{}$

Dibuja palitos de decena y círculos.

9. 25

10. 58

Resuelve.

11. $5 + 2 = \boxed{}$

$50 + 20 = \boxed{}$

$50 + 2 = \boxed{}$

12. $8 + 1 = \boxed{}$

$80 + 10 = \boxed{}$

$80 + 1 = \boxed{}$

13. **Piensa más allá** ¿Es el total de $86 + 5$ menos que 90 o mayor que 90? Resuelve con un dibujo. Escribe para comparar.

Estrategia de contar hacia adelante: Números de 2 dígitos

Haz la tarea

Calcula el total. Usa cualquier método.

1. $57 + 6 =$ ☐

2. $32 + 8 =$ ☐

3. $76 + 5 =$ ☐

4. $15 + 2 =$ ☐

5. $90 + 9 =$ ☐

6. $65 + 7 =$ ☐

7. $79 + 3 =$ ☐

8. $58 + 4 =$ ☐

9. $67 + 9 =$ ☐

10. $89 + 1 =$ ☐

Compara. Escribe $>$, $<$ o $=$.

11. $78 \bigcirc 80$

12. $41 \bigcirc 40$

13. $91 \bigcirc 9$

14. $37 \bigcirc 56$

Nombre _____

Recuerda

Resuelve el problema.

Muestra los cálculos. Usa dibujos, números o palabras.

niño

1. Hay 7 niños en el patio. Luego
llegan 3 niños más. ¿Cuántos
niños hay en el patio ahora?

[ ] _____
rótulo

Escribe el número.

2. [   ]

3. [   ]

Dibuja palitos de decena y círculos.

4. 91

5. 36

Calcula el total. Usa cualquier método.

6. $30 + 6 =$ [   ]   7. $50 + 9 =$ [   ]   8. $91 + 5 =$ [   ]

9. $79 + 2 =$ [   ]   10. $28 + 6 =$ [   ]   11. $47 + 8 =$ [   ]

12. **Piensa más allá** Elena tiene 65 fotos. Dan
tiene 78 fotos. ¿Quién tiene más fotos? Explica.

_____

_____

Práctica con números de 2 dígitos

Haz la tarea

Cuenta hacia adelante para sumar.

1. $48 + 3 =$ ☐

2. $72 + 4 =$ ☐

3. $69 + 4 =$ ☐

4. $30 + 9 =$ ☐

5. $50 + 7 =$ ☐

6. $86 + 5 =$ ☐

7. $36 + 2 =$ ☐

8. $47 + 6 =$ ☐

9. $23 + 5 =$ ☐

10. $59 + 7 =$ ☐

11. ☐ $= 12 + 6$

12. ☐ $= 60 + 9$

13. ☐ $= 39 + 3$

14. ☐ $= 49 + 1$

15. ☐ $= 22 + 7$

16. ☐ $= 65 + 9$

Recuerda

1. Escribe los números del 1 al 20.

1									
11									

Resuelve el problema.

Muestra los cálculos. Usa dibujos, números o palabras.

2. Matt tiene 8 semillas para sembrar en una maceta roja y en una azul. ¿Cuántas semillas puede sembrar en cada maceta? Muestra dos respuestas.

semillas

[ ] semillas en la maceta roja y [ ] semillas en la maceta azul.

o [ ] semillas en la maceta roja y [ ] semillas en la maceta azul.

Calcula el total. Usa cualquier método.

3. 48 + 6 = [ ]

4. 39 + 4 = [ ]

5. 77 + 7 = [ ]

6. 85 + 9 = [ ]

7. Piensa más allá Dibuja palitos de decena y círculos para mostrar el número que es 1 más que 89. Escribe el número.

[ ]

Haz la tarea

Muestra cada número con un dibujo.

1. Hay 20 niños y niñas en una función de teatro.
   Hay más niñas que niños.

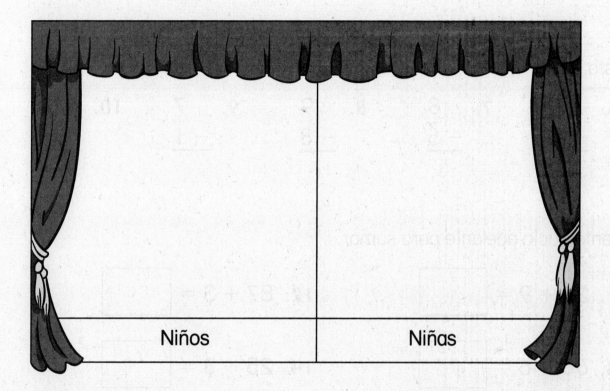

Niños | Niñas

Escribe el número.

2. ¿Cuántos niños hay?

3. ¿Cuántas niñas hay?

Compara los números de dos maneras.

4. 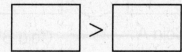 > [ ]   [ ] < [ ]

Recuerda

Suma.

1. 4
 + 3

2. 6
 + 2

3. 8
 + 1

4. 5
 + 5

5. 2
 + 4

Resta.

6. 10
 − 4

7. 8
 − 5

8. 9
 − 8

9. 7
 − 1

10. 10
 − 3

Cuenta hacia adelante para sumar.

11. $20 + 9 =$ ☐

12. $87 + 3 =$ ☐

13. $68 + 6 =$ ☐

14. $25 + 8 =$ ☐

15. ☐ $= 79 + 6$

16. ☐ $= 56 + 5$

17. **Piensa más allá** Escribe un número
    mayor que 19 en la Caja A. Escribe
    un número menor que 99 en la Caja B.
    Compara los números.

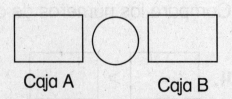

Caja A   Caja B